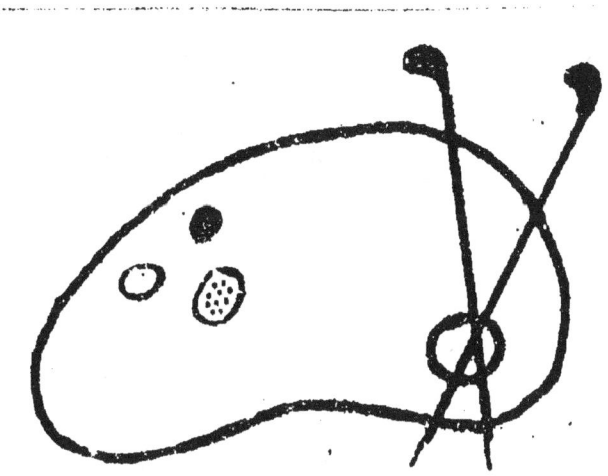

Couvertures supérieure et inférieure
en couleur

T³⁹ 6, 4875.

M. DE TRACY
A M. BURKE.

Comme dans l'Assemblée Nationale Françoise, on ne tolère pas des digressions aussi longues que celles que l'on se permet dans le Parlement Britannique, je n'ai pu, dans mon opinion du 3 Avril, dire que quelques mots du discours de M. Burke, du 9 Février dernier.

Je me suis borné à avancer que ce discours étoit indécent dans l'Assemblée auguste des Représentans d'une Nation libre, montroit une grande ignorance des opérations & des principes de l'Assemblée Nationale Françoise, & que l'honorable Membre qui l'avoit prononcé, n'avoit pu puiser des idées si fausses que dans des sources très-impures.

Telles sont les vérités que je dois prouver actuellement avec plus de détail; mais avant tout, il faut que je déclare que je ne connois le Discours de M. Burke que par les extraits que se sont empressés d'en publier les mécontens de France, qui se saisissent avec d'autant plus d'ardeur d'une autorité respectable, prise en pays étranger, qu'ils n'en ont plus dans leur patrie que de très-décréditées.

C'est donc l'extrait que j'en connois que je cite; &

A

j'ai de bonnes raisons pour n'en pas garantir la fidélité. Je vais le suivre pas-à-pas; &, par le début, je juge d'abord que M. Burke n'a pas saisi l'esprit de notre révolution, car c'est sur nos forces uniquement, & non sur nos intentions, qu'il croit que l'Angleterre doit régler le nombre de ses troupes. Il nous croit aussi dangereux pour son repos, vivans sous un Gouvernement juste, sage, populaire, fondé sur la morale & le desir du bonheur des hommes, que quand nous étions régis par le Cabinet tracassier, inquiet & jaloux du Ministre d'un despote; & il exprime cette idée fausse par cet adage insignifiant: *Les Républiques, aussi bien que les Monarchies, sont sujettes à l'ambition, à la jalousie*, &c. J'arrête l'honorable Membre sur ce premier mot. Je pense que la longue habitude de considérer ce que sont les Gouvernemens actuels, l'a empêché de calculer ce qu'ils peuvent être; & je ne crois pas me tromper, en l'assurant que la Nation Françoise est déja trop pénétrée des principes d'une saine politique, pour que ses voisins en puissent craindre une provocation injuste, quand elle seroit au comble de la prospérité: mais aussi, je lui réponds que notre patriotisme est trop énergique pour qu'il fût prudent de nous provoquer, même dans l'état de syncope où il nous croit, & que si on l'essayoit, il ne faudroit pas un grand effort de mémoire pour se rappeler que *Gallos in bellis floruisse*. Est-ce donc à un homme libre de penser qu'un Peuple, qui se battoit avec gloire pour les intérêts d'un Maître, seroit sans courage quand il a une Patrie qu'il chérit ? Mais, suivons. L'éloquent Orateur parle de la rapidité de notre chûte, comme si elle étoit d'hier, & en prend occasion de s'extasier sur l'instabilité des choses humaines. C'est sûrement un beau mouvement & qui a même une certaine empreinte philosophique qui sied ; mais il m'invite à croire que M. Burke prend juste, pour l'époque de notre chûte, celle de notre restauration ; car c'est celle-ci qui est récente : l'autre est ancienne & a été graduelle, & sûrement cette vérité n'a pu échapper à un aussi grand politique. En effet, sans remonter au quatorzième siècle, où l'ignorance nous a fait perdre les Assemblées de la Nation & les germes d'une vraie Constitution que nous avions, c'est l'orgueil & la gloire même de Louis XIV qui ont jetté les fondemens de notre ruine, qui nous ont fait prendre l'éclat pour la gloire, qui nous ont éloignés du vrai, seule source du bon. Ce sont les revers de ce Prince, suite nécessaire de ses succès mêmes, qui ont préparé les désordres de la Régence, dont le long despotisme de Louis XV a guéri en partie les plaies, mais en en préparant d'autres, mais en nous disposant à éprouver tous les malheurs qui naissent de l'incapacité & de la dépravation des Ministres & des favoris. Et c'est quand tous ces maux ont été à leur comble, que nous avons commencé à y porter remède. Mais on voit qu'ils étoient assez vieux, pour qu'on ne pût pas les peindre comme un évènement soudain ; & la complaisance avec laquelle l'Orateur rappelle les temps de Ramillies & d'Hocstet, me prouve qu'il les regrette ; car elle ne cadre pas du tout avec l'éloge pompeux qu'il fait de l'armée de Louis XIV, éloge qu'au reste elle méritoit, malgré ses revers fameux causés par les fautes de la Cour; & quand je pense combien elle étoit formidable cette armée d'un despote François, & que je me rappelle en même tems que les troupes Romaines mêmes étoient devenues méprisables sous les Empereurs, je me permets de croire que les Soldats François, sous le règne des Loix & de la Liberté, seront dignes de quelque estime de la part de leurs détracteurs. Pour ne rien laisser en arrière, je devrois relever ce vers latin :

Hæc tunc nomina erant, nunc sunt sine nomine terræ.

Est-ce par une ironie pareille qu'un profond politique devoit désigner l'étonnant patriotisme par lequel toutes les Provinces de l'Empire François se sont empressées de renoncer à tout Privilége, sentant qu'il n'y en a pas de comparable à la Liberté, ni de distinction particulière qui vaille l'union générale.

Certes, c'est attacher une grande importance aux mots, & une bien petite aux choses, que de regretter quelques vieux noms perdus par l'effet d'un tel dévouement au bien de la Patrie; & si cette opération même excite la satyre, je crains que ce ne soit un parti bien pris de ne rien approuver en nous.

Mais je me hâte d'arriver au point du discours où M. Burke nous dit le plus d'injures : on se doute bien que c'est celui où il est le plus dépourvu de raisons.

Il établit d'abord que l'évènement, appelé ordinairement la *Révolution d'Angleterre de* 1688, n'eſt qu'une reſtauration. Cela peut être exact, puiſqu'il ne s'agiſſoit, je crois, que de remettre en vigueur la Conſtitution exiſtante qu'un Prince imprudent vouloit détruire. Mais, s'il eſt vrai que l'Angleterre n'avoit beſoin que d'une reſtauration, s'enſuit-il qu'une révolution entière ne fût pas néceſſaire à la France? Il ſe plaît à croire que nous ne l'avons fait que pour notre plaiſir, & à nous peindre, nous félicitant de notre révolution, comme des enfans ſe vantent d'avoir briſé un vaſe précieux.

Mais, je demande à l'honorable Membre, ce qu'il nous conſeille, pour notre bien, de conſerver de l'ancien ordre de choſes, lui qui nous a repréſentés le moment d'avant, comme gémiſſans dans les liens d'un deſpotiſme furieux & ſous les tourmens d'une intolérance ſombre & farouche, digne compagne & fidèle auxiliaire de la tyrannie. Ce ſont ſes propres mots (pag. 6 & 7): ils ſont d'une juſteſſe & d'une énergie parfaites. Je n'y ajouterai rien que cette réflexion : c'eſt que, pour être conſéquent, il n'eût pas fallu nous reprocher de faire une révolution complète, mais nous louer d'avoir eu le courage de l'entreprendre; & peut-être eût-il été généreux & juſte de plaindre les maux qu'elle nous coûte! maux que nous avons prévus, que nous avons fixés d'un œil ferme, & auxquels nous nous ſommes dévoués par un noble amour de la liberté & de l'humanité.

Cette excellente balance des forces des ordres ſéparés,

que M. Burke nous vante, n'existe pas en Angleterre, car la Chambre des Pairs n'a nulle ressemblance avec ce qu'étoient chez nous les Ordres privilégiés; mais elle existoit depuis long-temps en France; & c'est elle qui nous avoit amenés au gouvernement qu'il vient de peindre. Je suis fondé à croire par cela seul, qu'elle n'en pouvoit être le remède;& ne pouvant me livrer au développement de cette grande question, j'invite M. Burke à lire les ouvrages qui la traitent, & qui sûrement ne lui sont pas parvenus. Je l'inviterai même à lire seulement le récit des faits de nos précédens Etats-Généraux.

Mais notre plus grand tort, aux yeux de notre détracteur véhément, est de n'avoir pas borné nos efforts à nous donner une Constitution exactement pareille à celle de l'Angleterre. Je respecte, dans un citoyen, un ardent amour pour la Constitution de son pays; mais je voudrois qu'un politique célèbre ne l'aimât pas d'une passion aveugle qui l'empêchât d'en voir les défauts. Aussi M. Burke n'a-t-il pas toujours ce tort, car le moment d'avant, il dit qu'il a presque constamment été occupé de la réforme. Pourquoi donc ne pas trouver bon que nous ne comprenions pas, dans notre création, ce qu'il voudroit détruire.

Certes, il est, dans la Constitution Angloise, des choses admirables & admirées par nous, & que nous adoptons : la liberté de penser, de parler & d'écrire; nous nous occupons de la naturaliser en France, & même d'en régler les effets par des loix encore meilleures, s'il est possible. La liberté individuelle, nous l'avons reconquise, & sans y porter la moindre atteinte, nous tâcherons de la concilier, mieux que nos voisins, avec la grande police, la sûreté publique.

Le précieux usage des Jurés, M. Burke, nous approuvera doublement sur ce point; car ce n'est pour nous qu'une restauration. Nous les avons eus; mais il sera surpris d'apprendre que cette restauration nous est plus difficile dans la pratique; que beaucoup de créations: tant le despotisme nous a dénaturés & *enlacés dans ses filets*. C'est une de ses expressions.

Je ne parle pas de la Permanence d'un Corps Législatif, organe des volontés de la Nation. Je pense que personne n'en contredit la nécessité.

Voilà des choses dignes d'être l'objet de nos vœux & de nos travaux; mais M. Burke nous conseilleroit-il d'imiter:

Ces Magistratures héréditaires qui font, du droit de gouverner les hommes malgré eux, la propriété d'un individu?

Cet usage, où est le Roi d'Angleterre, de nommer tous les Juges, c'est-à-dire, de remplacer par le choix d'un Ministre la confiance du Peuple, si nécessaire à un homme public, & dont, par ce seul choix, il doit être privé.

Cette inégale répartition des Représentans de la Nation Angloise, qui facilite tellement l'influence ministérielle, que cette corruption publique & avouée est devenue une partie intégrante de la Constitution, une espèce de seconde Chambre dans celle des Communes, si adaptée à tous les ressorts politiques qu'elle est un des

A 4

plus forts de ces fameux contre-poids tant vantés, & qu'il y auroit peut-être moins de danger à enlever aux Anglois beaucoup de bonnes institutions, qu'à détruire ce vice.

Nous conseilleroit-il d'adopter la presse des matelots, le chef-d'œuvre du despotisme chez un Peuple qui se vante d'être libre; ce manque d'Assemblées administratives dans les Provinces, qui, à la vérité, fait une partie de l'importance individuelle des Membres du Corps Législatif, mais par cette raison, est une diminution considérable de la liberté de la Nation, & cause nécessairement quelquefois l'ignorance & l'oubli de ses intérêts; cette énorme complication d'impôts; tous ces Réglemens mercantiles & prohibitifs, qui favorisent quelques marchands avides aux dépens des cultivateurs, &c. &c. &c. ?

Non; ce seroit en vain qu'on nous proposeroit d'imiter ces fautes de nos voisins, qui ne sont garanties d'une portion de leur funeste influence, que par l'excellent esprit public dont ils sont animés; esprit qui naît parmi nous par les admirables institutions que nous nous donnons. Nous ne leur envierons pas même ces immorales & rapides fortunes que font leurs Administrateurs au Bengale, & qui aiguisent l'avarice de tout un Peuple, ni cet esprit dominateur & jaloux qui a trop animé leur Gouvernement, & nous pensons fermement que bientôt, au contraire, ils nous envieront l'amour de l'égalité, de la modération & de la justice qui fait déja la base du nôtre.

Et ce n'est pas là créer une démocratie, comme le

dit l'homme respectable que je combats. Ignore-t-il donc qu'une démocratie est le Gouvernement où tous font les Loix, & où tous les font exécuter eux-mêmes?

Et en France nous chargeons des Représentans de les faire, & un Monarque unique, inamovible, héréditaire, de les faire exécuter.

Y a-t-il parité? Je le demande.

Non, ce n'est point une démocratie que nous établissons, encore moins une ligue de démocraties confédérées, puisque nous avons refondu en un seul corps toutes les parties de l'Empire François, effort de vertu & de prudence, qui fera la solidité & la perfection de notre ouvrage, malgré les critiques irréfléchies que je viens de repousser. Je dis irréfléchies, parce que je crois avoir démontré qu'elles portent toutes sur deux erreurs: l'une, que nous devions nous borner à réformer, c'est-à-dire, à consolider & à raccommoder un Gouvernement oppresseur & corrupteur, dont l'esprit étoit de diviser entre elles toutes les classes des Citoyens, & toutes les parties de l'Empire, pour les opposer les unes aux autres, & les dominer toutes; l'autre, que nous avons mal-fait d'attaquer dans sa racine cet esprit pernicieux pour y substituer, comme base fondamentale, l'amour de l'égalité & de l'union, sentiment précieux que Montesquieu lui-même, cet illustre Apologiste du Gouvernement sous lequel il vivoit, n'hésite pas à honorer du nom de vraie vertu, & dont il fait le principe du Gouvernement républicain.

Oui, j'en appelle à ce grand Homme, de quelques mots duquel on a trop abusé, & dont l'ombre s'indigne de n'avoir ofé rendre fes idées toutes entières, & de voir que cette réticence autorife à employer fon impofante autorité pour le maintien de principes qu'il défavoue.

Si on lui difoit: Vos defcendans fe créeront un gouvernement fondé fur ce principe, que vous-même honorez du nom de la vraie vertu; il n'aura pas la turbulence inquiète de la démocratie, puifque les loix feront faites par une Affemblée de repréfentans choifis; il aura l'activité de la Monarchie, puifque ces loix feront maintenues, exécutées, défendues par un feul homme, par un Roi puiffant. Ce Roi ne pourra être égaré dans le choix des agens de fon pouvoir, puifque la voix publique les lui défignera tous: on n'aura à craindre, ni le defpotifme du chef, ni l'ariftocratie des grands; on aimera la Patrie par inclination, on la fervira par honneur; tous les intérêts fe réuniront pour le maintien de l'ordre: certes, il répondroit: Tous mes vœux font remplis. Voilà où tendoient mes travaux; voilà le gouvernement Anglois perfectionné; voilà le but que j'indiquois, lorfque je faifois l'éloge des fentimens républicains, lorfque je peignois l'horreur du defpotifme, & que je recommandois les contrepoids, & les pouvoirs intermédiaires de la Monarchie limitée. Il ne refte plus à mes chers François, que de mettre de fi fages Loix fous la fauve-garde des mœurs, par l'inftitution d'une bonne éducation publique; & il feroit merveilleufement étonné d'apprendre que lui-même, & un Anglois refpectable, font les feules autorités dignes d'attention que l'on oppofe à un fi beau deffein.

Je reviens à M. Burke, après avoir repouffé les traits

lancés par lui contre l'esprit de nos institutions, je lui demande s'il est bien content lui-même de ce qu'il a dit de l'armée Françoise. S'il y a repensé depuis, j'ose croire qu'il n'est pas à s'en repentir.

Il établit, & avec grande raison, que c'est un problème au-dessus de l'esprit humain, que de concilier l'existence d'une armée toujours subsistante, avec celle d'une constitution libre; &, pour être juste, il auroit dû ajouter que la position de la France rend ce problème encore plus difficile pour elle que pour l'Angleterre, l'obligeant à tenir sur pied de bien plus grandes forces. Nous sentons cette difficulté comme M. Burke; & quelques ouvrages, qui ont déja paru sur ce sujet, prouvent que plusieurs François l'ont considéré en hommes d'état, & sous toutes ses faces: mais plus l'obstacle est grand, plus, pour être sage, il faudra examiner à loisir la manière dont on le surmontera; avant de la juger.

Pour être seulement raisonnable, il eût fallu attendre, pour blâmer notre constitution militaire, qu'elle fût faite. Or, il est constant que M. Burke l'a déclarée détestable, le 8 Février, & qu'elle n'est pas même encore ébauchée à l'instant où j'écris ceci, le 26 Avril.

Je lui dirai qu'il se méprend très-lourdement, s'il confond l'état pacifique & permanent que nous voulons établir, avec la situation passagère & vraiment hostile dans laquelle nous avons été, & dans laquelle nous sommes encore à quelques égards.

Oui, Monsieur, nous étions dans un véritable état de guerre, lorsque des Ministres oppresseurs faisoient marcher des troupes pour intimider la Capitale, & disperser les Représentans de la Nation. Qu'ont fait les bons Citoyens, c'est-à-dire, presque tous les François ? Ils ont pris les armes ; de là ces Gardes nationales qui existent encore sans vraie constitution, & presque sans autre règle que le patriotisme qui les anime. Qu'ont fait les soldats ? Ils ont abandonné ces drapeaux qu'on portoit contre leurs frères.

Je crois qu'il n'y a pas un homme, quelque austère qu'il soit, qui puisse blâmer ces deux démarches. Mais il s'en est suivi des désordres ; mais des Citoyens exaltés se sont réunis en armes dans des Provinces éloignées, bien long-tems encore après le moment où il y avoit du danger, & ont abusé de l'état de force où les mettoit leur rassemblement, pour donner des ordres inutiles ou fâcheux, pour s'attribuer des pouvoirs qui ne doivent pas leur appartenir dans un état de choses plus tranquille, & que même dans le moment présent ils ne devoient pas s'attribuer. Cela est vrai ; mais les soldats de quelques Corps, égarés par les circonstances du moment, suspectant les intentions de leurs Officiers, qu'ils regardent en général comme des êtres privilégiés, & auxquels ils ont vu l'attitude de mécontens, ont rompu le frein de la discipline, & n'ont pas assez senti que loin de se vanter d'avance de leur patriotisme, ils devoient reculer jusqu'à la dernière extrémité l'aveu nécessaire, mais fâcheux, qu'ils n'obéiroient pas à des ordres oppresseurs ; cela est encore vrai. Mais l'Assemblée Nationale n'a pas sévi contre les excès de ce zèle ; elle a craint de remettre de trop grandes forces entre les mains des mal-intentionnés, en aigrissant, par une sévérité prématurée, ses propres partisans, & en exigeant l'impossible, c'est-à-dire, une mesure parfaite jusque dans les mouvemens de l'enthousiasme. Elle s'est bornée à contenir ce feu qu'elle ne pouvoit ni ne devoit étouffer; elle a exigé de tous le serment d'obéir à la Nation, à la Loi & au Roi, & elle a dirigé les volontés jusqu'à ce qu'elle ait eu le tems de tracer les devoirs; tout cela est encore certain. Je ne vois là d'une part que des motifs louables dans le peuple, & qu'une conduite prudente dans ses Représentans. Mais ce qui pourroit peut-être étonner un politique, s'il se donnoit la peine de réfléchir; ce qui pourroit surprendre délicieusement un Philosophe, ami de l'humanité, s'il nous observoit, c'est que ces Citoyens, devenus plus puissans que leurs supérieurs, ont d'eux-mêmes employé toutes leurs forces & sacrifié leurs intérêts au maintien de l'ordre public & au paiement des impôts.

C'est que ces soldats, affranchis du joug par le fait, ont fait leur service avec une exactitude admirable, & ont exercé sur eux-mêmes & sur leurs camarades une Police exemplaire & plus sévère qu'elle n'a jamais été.

C'est enfin que dans le tems où les Représentans du peuple ont calmé leurs braves & zélés défenseurs, ils leur dissimuloient qu'ils étoient & qu'ils sont encore exposés eux & leur ouvrage, malgré les respectables intentions du Monarque, à la malveillance active d'une foule de mécontens puissans, qui poussent l'audace & l'égarement jusqu'à se vanter de leurs projets pervers, dans le tems même que l'Assemblée veille sur leur conservation, & qu'un mot d'elle seroit leur perte.

J'ose croire que ces traits sont grands, sont beaux, sont dignes des François ; que, mieux connus un jour, ils forceront leurs détracteurs à rougir de leur précipitation, & que l'avenir prouvera qu'une Nation dont la masse est aussi généreuse, dont les Chefs sont aussi prudens, ne pouvoit manquer de parvenir au bonheur & à la liberté dont elle est si digne.

Qu'il me soit permis de dire encore que c'est bien témérairement qu'on suppose l'athéisme où l'on voit les vertus ; & que si notre *déclaration des Droits est un galimathias*, notre conduite en est un excellent commentaire. C'est à l'instant où l'Amérique s'est occupée de pareil *galimathias*, qu'elle est devenue invincible à toutes les forces de l'Angleterre.

Pour l'épithète de *Pédantesque*, elle ne sied qu'aux assertions superficielles & fausses, débitées d'un ton doctoral. Je suis fâché qu'un homme célèbre ait pris ce ton pour dire de pareilles choses. Je suis persuadé qu'il en est, ou en sera bientôt, plus affligé que moi. Le tems l'éclairera. Il n'a que le tort d'avoir cru trop facilement de faux rapports, & de s'être trop pressé. Si l'intérêt de ma patrie ne m'eût pas forcé de parler, j'aurois respecté en silence, même ses erreurs.

Je ne puis quitter la plume sans payer un juste tribut d'admiration & de reconnoissance au généreux Comte de Stanhope, qui a pris notre défense, animé par le pur amour de la vérité & de l'humanité. Je remplis un devoir bien cher à mon cœur, en rendant un hommage public à ſes vertus.

Puiſſent-elles apprendre à tous les hommes que le patriotiſme ne conſiſte pas à haïr ſes voiſins, mais à concilier à la Nation dont on eſt membre, l'eſtime & la bienveillance univerſelles !

A PARIS, DE L'IMPRIMERIE NATIONALE.

www.ingramcontent.com/pod-product-compliance
Lightning Source LLC
Chambersburg PA
CBHW061611040426
42450CB00010B/2433